Ach,
so ist das!

Sanderijn van der Doef

Ach, so ist das!

Das Aufklärungsbuch für Kids

Zeichnungen von Marian Latour

Aus dem Niederländischen
übersetzt von
Marlene Müller-Haas

Loewe

Für Jesse, Yara und Micha
(SvdD)

Die Deutsche Bibliothek – CIP-Einheitsaufnahme

Ach, so ist das! : das Aufklärungsbuch für Kids /
Sanderijn van der Doef. Zeichn. von Marian Latour.
Aus dem Niederländ. übers. von Marlene Müller-Haas.
– 1. Aufl. – Bindlach : Loewe, 1996
Einheitssacht.: Ben jij ook op mij? <dt.>
ISBN 3-7855-2958-9
NE: Doef, Sanderijn van der; Latour, Marian;
Müller-Haas, Marlene [Übers.]; EST

ISBN 3-7855-2958-9 – 1. Auflage 1996
Die Originalausgabe wurde unter dem Titel
„Ben jij ook op mij?" von Uitgeverij Ploegsma bv,
Amsterdam veröffentlicht.
Text: © 1995 by Sanderijn van der Doef
Illustrationen: © 1995 by Marian Latour
© für die deutsche Ausgabe by Loewe Verlag GmbH,
Bindlach 1996
Aus dem Niederländischen übersetzt
von Marlene Müller-Haas
Satz: DTP im Verlag

Inhalt

Einleitung

auch Spaß, es mit deiner Mutter oder deinem Vater durchzublättern. Manchmal können Väter oder Mütter nämlich noch ein bißchen mehr erzählen. Zum Beispiel, wie sie sich verliebt haben, oder Dinge, von denen sie meinen, daß du sie gern wissen möchtest.

Dieses Buch wurde auch gemacht, damit du entdecken kannst, daß Sex nichts Seltsames oder Ekliges ist, sondern vor allem Spaß macht und etwas ganz Tolles ist. Daß du dich dabei pudelwohl fühlen kannst.

Dieses Buch über Sex ist für dich geschrieben. Falls du nicht genau weißt, was Sex eigentlich ist, kannst du das hier nachlesen. Es handelt vom Verliebtsein, Küssen, Sichlieben und vom Kindermachen. Und von den Erwachsenen: von kleinen, großen, dicken, dünnen, aber hauptsächlich nackten Menschen. Du mußt das Buch nicht in einem Zug lesen. Du kannst auch ab und zu ein Stückchen lesen oder nur die Bilder anschauen. Vielleicht magst du das lieber alleine tun, aber es macht

Denkst du vielleicht, Sex ist nur was für Große? Nein, natürlich nicht. Sex ist für alle da. Für große und kleine Menschen, für dicke, dünne, schwarze und weiße Menschen. Für alte Menschen und auch für junge wie dich.

Aber was ist eigentlich Sex?

Sex ist schwer zu erklären, aber es hat mit einem besonderen Gefühl zu tun. Es ist ein gutes, ein tolles und zugleich ein richtig wohliges Gefühl. Dieses Gefühl kannst du auf ganz verschiedene Weisen bekommen. Zum Beispiel, wenn du deinen Körper an bestimmten Stellen streichelst. Oder wenn du eine Karte kriegst mit vielen Herzchen drauf. Oder wenn du deinen Freund anguckst, wenn er nackt ist.

Oder wenn ihr Händchen haltet oder euch gegenseitig an geheimen Stellen des Körpers berührt. Oder wenn einer in deiner Klasse zu dir sagt: „Ich steh' auf dich, stehst du auch auf mich?"

Du kannst dieses wohlige Gefühl auch spüren, wenn du abends im Bett von einem Mädchen aus der Sportgruppe träumst. Oder wenn du zu einem netten Jungen oder Mädchen hinsiehst und er oder sie zurückguckt und dir zulacht.

Für große Menschen ist Sex noch viel mehr. Für sie heißt das, sich küssen und sich lieben. Davon kriegen sie auch dieses herrliche Gefühl.

An einigen Stellen ist es besonders schön, sich zu berühren. Bist du dir schon mal mit den Fingern ganz zart über den nackten Arm gefahren? Das fühlt sich so gut an, daß man davon richtig 'ne Gänsehaut kriegt. Weißt du, was auch toll ist? Wenn deine Mutter dir sanft über den nackten Rücken streicht, wenn sie dich mit Sonnencreme einreibt.

Du kannst an ganz vielen Stellen deines Körpers tolle Gefühle spüren. Es ist schön, die Fußsohlen zu kitzeln, den Kopf zu kraulen oder sich in der Wanne mit Seife einzureiben. Für einen Jungen ist es super, über den

böse, wenn du dir an den Penis faßt
oder mit der Hand zwischen die Beine.
Manchmal sagen sie sogar, das wäre
eklig. Eigentlich ulkig, denn es ist ganz
normal. Es ist ja dein Körper. Und es
ist überhaupt nicht eklig oder ulkig,
den eigenen Körper zu berühren.

Weil es Leute gibt, die das stört, läßt
man es besser, wenn andere dabei
sind. Schließlich bohrt man sich in
Gesellschaft ja auch nicht in der Nase.
Du kannst es tun, wenn du allein in
deinem Zimmer bist, im Bett, unter der
Dusche oder in der Badewanne.

Den nackten Körper an all den
schönen Stellen anzufassen, könnte
man Sex mit sich selber nennen.

Sex mit anderen geht auch. Zum
Beispiel, jemand ansehen, weil er so
hübsche Augen oder einen tollen
Hintern hat. Sich gegenseitig anfassen
und überall kitzeln. Das macht dir
Spaß und dem anderen auch. Wenn
ihr euch anfaßt, kitzelt oder streichelt,
ist es aber nur schön, wenn ihr es
beide wollt. Mit dem Körper eines
anderen etwas tun, was sie oder er
nicht möchte, ist nicht nett und macht
auch keine schönen Gefühle. Bei dir
darf das auch niemand anders, denn
dein Körper gehört dir und ist etwas
ganz Besonderes. Darüber bestimmst
nur du allein.

Penis zu reiben. Ein Mädchen kann ein
wohliges Gefühl bekommen, wenn sie
sich zwischen den Beinen sanft an der
Scheide kitzelt. Alle Leute genießen
es, sich an bestimmten Stellen zu
streicheln. Das ist völlig normal.
Kinder machen es und Große auch.

Aber nicht jeder findet das normal.
Manche Menschen finden es komisch,
und sie möchten nicht, daß du dich
kitzelst oder streichelst. Sie werden

Ich liebe dich, liebst du mich auch?

Weißt du, was lieben ist? Jemand ganz doll liebzuhaben. Du liebst deine Mutter, und deine Mutter liebt dich. Sie liebt dich sogar noch, wenn sie wütend auf dich ist. Du kannst auch deinen Hamster lieben, deine Katze, deinen Hund oder dein Kaninchen. Und natürlich auch dein Kuscheltier oder deine Puppe. „Lieben" ist ein ganz besonderes Gefühl.

Verliebt sein ist ein bißchen wie lieben, aber doch noch anders. Wenn du verliebt bist, ist der andere für dich das Wichtigste auf der Welt. Und eigentlich willst du immer nur in seiner Nähe sein. Du bist überglücklich, wenn der andere nett zu dir ist.

Manche Leute nennen das „Schmetterlinge im Bauch". Das ist nur so ein Gefühl, denn du hast natürlich keine echten Schmetterlinge im Bauch. Aber wenn man verliebt ist, kann es passieren, daß man keinen Bissen mehr runterkriegt oder einem die Knie weich

werden, wenn man den anderen sieht.
Du kannst auch ganz nervös werden,
wenn du verliebt bist. Denn du weißt ja
nicht, ob der Junge oder das Mädchen
dich auch so nett findet. Und du
kannst sogar unheimlich unglücklich
sein, wenn du hörst, daß er oder sie
nicht in dich verliebt ist.

Wenn man verliebt ist, achtet man
mehr aufeinander. Was der andere tut
oder was er sagt. Du mußt dauernd zu
ihm hinschauen, weil du den anderen
so schön findest. Manchmal schreibst
du Briefe, oder ihr ruft euch an, um
miteinander zu reden. Du machst ein
schönes Gedicht oder ein tolles Bild für

denjenigen, in den du verliebt bist,
oder du verschenkst was Hübsches.

Manchmal spürst du, daß du ein
ganz besonderes Gefühl kriegst, wenn
ihr euch anfaßt. Dann wollt ihr eng
beieinandersitzen oder euch an den
Händen halten. Oder ihr wollt den
anderen küssen. Wenn ihr euch anfaßt
oder küßt, kann das verliebte Gefühl
noch stärker werden.

Wenn ihr beide ineinander verliebt
seid, und ihr habt es euch auch gesagt,
nennt man das „miteinander gehen".
Manchmal erzählst du es weiter,
manchmal aber auch nicht, weil du
nicht möchtest, daß deine Klassen-
kameraden davon erfahren. Wenn
man mit jemandem geht, läßt man ihn
oder sie nicht im Stich, man ärgert
sich nicht gegenseitig und paßt auf,
daß die anderen den Freund oder die
Freundin nicht triezen. Man kann sich
vertrauen, weil man weiß, daß der
andere nicht über einen lacht.

Wenn Erwachsene miteinander gehen, dann gehen sie zusammen aus. Sie wollen einfach oft zusammensein, und manchmal miteinander schmusen.

Jeder kann sich verlieben. Väter, Mütter, Opas, Omas. Große Kinder und kleine Kinder. Warst du schon mal verliebt in deine Lehrerin oder deinen Lehrer? In deine Mutter oder deinen besten Freund? So verliebt sich nämlich ein kleines Kind. Du willst dann später den Vater oder die Mutter oder den Lehrer heiraten.

Wenn du älter wirst, verliebst du dich in jemand in deinem Alter. Das kann ein Junge oder ein Mädchen sein. Ein Junge kann sich natürlich auch in

einen anderen Jungen verlieben. Und ein Mädchen genauso in ein anderes Mädchen. Das kommt vor.

Tiere können sich auch verlieben. Schau dich doch im Frühling mal um! Vielleicht siehst du dann zwei Tauben miteinander schnäbeln. Das sind Turteltauben. So nennt man auch verliebte Menschen.

Wenn du jemand sehr nett findest, möchtest du gern wissen, ob er dich auch mag. Du kannst natürlich einfach hingehen und sagen, daß du ihn oder sie toll findest. Aber das trauen sich nicht alle Kinder (und auch nicht alle Großen). Du kannst es zeigen, indem du besonders nett bist, Briefe schreibst oder deine Freundinnen oder Freunde ausfragst, was er oder sie von dir hält. Du kannst natürlich auch einfach abwarten. Manchmal ist es ganz schön schwer, verliebt zu sein, weil du plötzlich verlegen wirst, wenn der andere in der Nähe ist. Du hast Angst, rot zu werden oder zu stottern.

Im Fernsehen sieht man, was Große tun, wenn sie verliebt sind. In Wirklichkeit läuft das oft ganz anders ab, aber es macht Spaß, es sich anzuschauen.

Küssen

Alle Menschen küssen. Es fängt schon an, wenn du noch ganz klein bist. Weil du jemand nett oder lieb findest oder weil du einen Kuß gibst, um dich zu bedanken. Es gibt ganz unterschiedliche Küsse. Denk nur an den Gutenachtkuß von Vater oder Mutter. Oder an die nassen Küsse, die Opa oder Oma, die Tante oder der Onkel dir manchmal geben, wenn sie zu Besuch kommen.

Du kannst einem Hund oder einer Katze einen Kuß geben, und dann schlabbert eine nasse Zunge über deine Wange. Es gibt Babyküsse, bei denen nur die Lippen die Wange des anderen berühren, ganz ohne Kußgeräusch. Und Schmatzer, du weißt schon, diese herrlichen festen Küsse, die so schön knallen.

Man kann aber auch jemand küssen, in den man verliebt ist. Zuerst sind es

Küsse auf die Wange eines anderen. Je älter du wirst, desto öfter möchtest du küssen, am liebsten auf den Mund. Dabei spürst du gleich so ein verliebtes Gefühl. Später gibst du auch Zungenküsse. Ihr küßt euch auf den Mund und öffnet ihn dabei. Mit den Lippen auf-

einander sucht deine Zunge die andere. Und dann spielen eure Zungen miteinander und lecken sich gegenseitig.

Weißt du eigentlich, wie sich verliebte Eskimos küssen? Sie reiben ganz zärtlich die Nasenspitzen aneinander. Davon kriegen die Eskimos ein prickelndes Gefühl.

Jungen und Mädchen

Was ist der Unterschied zwischen Jungen und Mädchen? Sie sehen anders aus, und sie sind anders, wirst

du vielleicht sagen. Sind sie wirklich so anders? Manche Leute sagen, Jungen sind stark und Mädchen schwach. Oder Jungen sind Draufgänger und Mädchen verlegen. Jungen raufen viel, und Mädchen kichern dauernd.

Aber stimmt das denn wirklich? Wenn du dich mal umschaust, siehst du, daß Jungen oft überhaupt nicht so stark sind, daß sie verlegen sind, nicht raufen und mit ihren Freunden kichern. Und es gibt auch viele Mädchen, die stark sind, draufgängerisch und die raufen können. Nicht jeder Junge und jedes Mädchen verhält sich mal die Augen auf und sieh dich um! Es gibt eine Menge Jungen mit langen Haaren und einem Ohrring. Und es gibt viele Mädchen mit kurzen Haaren und Hosen. An der Kleidung kannst du also nicht immer den Unterschied zwischen Jungen und Mädchen erkennen.

Den größten Unterschied zwischen ihnen sieht man nämlich erst, wenn sie nackt sind.

Jungen haben einen Penis, und unter dem Penis hängt ein Sack mit zwei Kugeln drin. Für den Penis hat man sich schon viele Namen ausgedacht, zum Beispiel Schwanz oder Pimmel. Du kennst garantiert auch ein paar. Wenn Leute es ganz fein sagen

gleich. Auch wenn es in deiner Klasse ein paar Jungen gibt, die groß und stark sind – deshalb sind Jungen noch lange nicht besser als Mädchen. Und wenn in deiner Klasse ein paar Mädchen sitzen, die prima Noten kriegen – deshalb sind Mädchen noch lange nicht schlauer als Jungen. Jeder hat seine guten und weniger guten Seiten.

Jungen und Mädchen erkennt man an der Kleidung, sagen manche Leute. Schau dir nur mal die Jungen an, die tragen immer Hosen und Sportschuhe und haben kurze Haare. Schau dir nur mal die Mädchen an, die tragen Röcke und Schmuck und haben lange Haare. Stimmt's? Nein, stimmt nicht. Mach wollen, sprechen sie vom „Glied". Jeder Penis sieht anders aus. Der eine ist kurz, der andere lang. Es gibt dicke Penisse und dünne Penisse. Gerade, aber auch krumme. Das Ende des Penis ist ein bißchen kugelig und heißt Eichel. Es sieht rund und glatt aus und ist beim Berühren sehr empfindlich. Ganz oben auf der Eichel ist eine kleine Öffnung. Dort kommt der Urin heraus. Bei den meisten Jungen verbirgt sich die Eichel unter einem Häutchen. Dieses Häutchen heißt Vorhaut.

Manchmal kann man die Vorhaut ein Stückchen zurückziehen, und dann sieht man die Eichel. Wenn das Zurückziehen der Vorhaut ein bißchen weh tut, mußt du damit aufhören. Du könntest dabei etwas beschädigen. Bald wird sich die Vorhaut ohne Schmerz ganz leicht über die Eichel ziehen lassen.

Bei manchen Jungen ist die Eichel immer sichtbar, weil bei ihnen als Baby oder Kleinkind die Vorhaut von einem Arzt (unter Betäubung) weggemacht wurde. Das nennt man Beschneidung. Man sieht es bei jüdischen oder moslemischen Jungen und bei Jungen, die aus einem Land kommen, wo die Beschneidung ganz üblich ist, wie in Marokko, der Türkei oder Amerika.

Wenn du ein nacktes Mädchen anschaust, siehst du auf den ersten Blick wenig. Nur unten an ihrem Bauch eine kleine Spalte. Man könnte meinen, das wäre alles. Aber wenn man diese Spalte auseinanderzieht, sieht man, daß darunter noch ziemlich viel verborgen ist. Die Hautfalten rechts und links von der Spalte heißen Schamlippen. Ein komisches Wort, nicht wahr? Vielleicht dachten die Leute, die das Wort erfunden haben, daß diese Spalte wie ein Mund mit zwei Lippen aussieht. Eigentlich sind es die äußeren Schamlippen, denn wenn man die aufmacht,

unbeschnittener Penis   *beschnittener Penis*

Vorhaut   Eichel

sieht man noch zwei kleine Hautfalten. Die heißen innere Schamlippen. Man kann auch große und kleine Schamlippen dazu sagen.

Zwischen den inneren Schamlippen sind zwei Öffnungen. Die obere ist ein winzig kleines Loch, das man fast nicht sehen kann. Das ist die Harnröhre, das Pipiloch, aus dem der Urin kommt. Darunter ist eine größere Öffnung, und das ist die Scheide. Für Scheide gibt es auch jede Menge anderer Wörter, zum Beispiel Muschi, Loch oder Pflaume. Kennst du noch ein paar? Wenn Leute es ganz fein sagen wollen, sprechen sie von der „Vagina". Die Scheide ist eine kleine Höhle, deren Wände aneinanderliegen, aber leicht auseinandergehen.

Schließlich siehst du zwischen den äußeren Schamlippen, über der Harnröhre, noch einen kleinen Hügel. Das ist die Klitoris, die auch Kitzler genannt wird. Wenn du die Klitoris berührst, merkst du, daß sie sehr empfindlich ist. Und wenn du ganz vorsichtig darüberreibst, gibt das ein wohliges Gefühl. Mädchen können sich ihre Geschlechtsteile sehr gut mit einem Spiegel angucken.

Jetzt weißt du genau, was der Unterschied zwischen einem Jungen und einem Mädchen ist. Aber wozu ist dieser Unterschied da? Warum gibt es denn überhaupt Penisse und Scheiden? Weil beide für das Entstehen eines neuen Kindes notwendig sind. Ohne den Penis deines Vaters und die Scheide deiner Mutter hätte es dich nämlich nie gegeben.

äußere Schamlippen — Klitoris — innere Schamlippen — Harnröhre — Vagina — After

Und dann wirst du größer ...

langsam, aber sicher zu einem erwachsenen Körper. Wie der deines Vaters oder deiner Mutter.

Nicht jeder Erwachsene sieht wie der andere aus. Der Körper verändert sich auch noch, wenn du schon erwachsen bist. Junge Menschen sehen anders aus als alte und dicke Menschen anders als dünne.

Was verändert sich am Körper eines Mädchens?

Mädchen verändern sich früher als die meisten Jungen. Mit ungefähr neun Jahren spüren viele Mädchen, wie ihre Brüste zu wachsen beginnen.

Zuerst werden die Brustwarzen ein wenig größer und dunkler. Dann wer-

Wenn du ungefähr zehn bist, bei manchen Kindern auch ein bißchen früher oder später, fängt dein Körper an, sich ziemlich stark zu verändern. Er wird

den die Brüste langsam ein
bißchen runder. Das kannst
du auch an deinen Brüsten
spüren, denn sie sind
manchmal ein bißchen
härter und spannen. Es tut
weh, wenn man dagegen-
stößt. Die inneren Schamlippen wachsen und werden sogar länger als die
äußeren.

Du siehst, daß du auf und um die
Schamlippen Haare bekommst. Am
Anfang sind die Härchen noch ganz
weich, später werden sie ein bißchen
kräftiger. Kurz danach wachsen dir
auch Haare unter den Achseln. Durch
diese Haare bleibt der Schweiß, den du
verlierst, etwas länger kleben und

riecht manchmal unan-
genehm. Wenn du dich
jeden Tag wäschst, ist das
aber gar nicht so schlimm.

Du entdeckst, daß deine
Hüften, dein Hintern und
deine Oberschenkel ein
bißchen runder werden. Das sieht sehr
hübsch aus, auch wenn du selbst es
vielleicht nicht so schön findest. Und
manche Mädchen kriegen Pickel im
Gesicht. Du kannst auch von etwas
oder von jemand erregt werden, dann
spürst du ein ganz besonderes Gefühl
in der Scheide. Wenn du die Klitoris
berührst, merkst du, daß sie sehr empfindlich ist. Wenn du sanft darüberreibst, weil dir das Gefühl gefällt, nennt

man das masturbieren oder sich selbst
befriedigen. Das tun viele Mädchen,
und es ist gar nichts Ungewöhnliches
dabei. Du kannst dabei auch einen
Orgasmus bekommen. Das ist ein ganz
spezielles Gefühl, das man nur schwer
erklären kann. Auf jeden Fall ist es ein
wohliges und sehr schönes Gefühl.

Dein Körper verändert sich nicht nur
äußerlich, sondern auch in dir drin
passiert eine ganze Menge. Um deinen
zwölften Geburtstag herum geschieht
etwas sehr Wichtiges: Ein Mädchen
bekommt zum ersten Mal seine Regel.
Was passiert dabei denn nun genau?

Im Bauch jedes Mädchens gibt es
von Geburt an verschiedene Organe,
die dafür sorgen, daß es später einmal

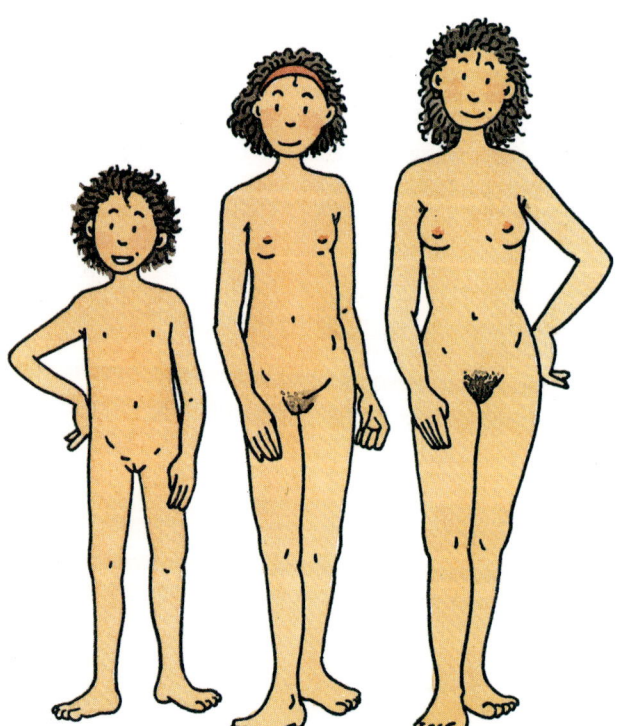

Kinder bekommen kann. Unten in
ihrem Bauch ist so eine Art kleine
Höhle, die bei Mädchen so groß wie
eine dicke Erdbeere ist und die Gebärmutter heißt.

Unten an der Gebärmutter ist eine
kleine Öffnung, die zur Scheide führt.
Oben an der Gebärmutter sitzen rechts
und links zwei dünne Röhrchen, das
sind die Eileiter. Sie enden in einer Art
Traube mit Hunderttausenden von
winzig kleinen Eizellen. Das sind die
Eierstöcke. Die Eizellen sind noch
nicht fertig. Sie müssen erst noch
reifen. Die „unreifen" Eizellen sind

Eierstock   Gebärmutter

Scheide   Eileiter

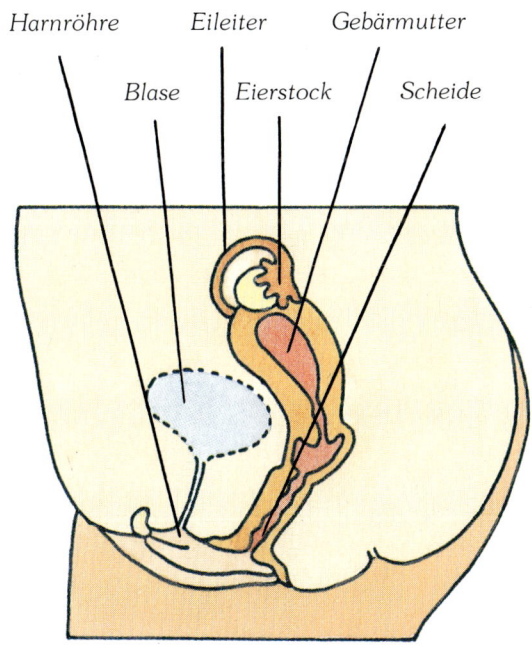

Harnröhre   Eileiter   Gebärmutter

Blase   Eierstock   Scheide

schon vor der Geburt da, und es sind bestimmt zwei Millionen! Die brauchst du aber nicht alle. Im Lauf der Jahre sterben ziemlich viele davon ab und verschwinden einfach aus deinem Körper. Wenn du ungefähr zwölf bist, sind noch etwa 300 000 übrig, von denen nur 500 reif werden, bis du fünfzig Jahre alt bist.

Bei einem ungefähr zwölfjährigen Mädchen reift zum ersten Mal in einem der Eierstöcke eine Eizelle heran. So eine Eizelle ist so winzig, daß man sie mit dem bloßen Auge nicht erkennen kann. Wenn die Eizelle reif ist, löst sie sich aus dem Eierstock. Das nennt man „Eisprung". Die Eizelle wandert nun langsam durch den Eileiter zur Gebärmutter. Während dieser Reise kann die Eizelle durch die Samenzelle eines Mannes befruchtet werden.

Die Gebärmutter wird von innen mit einer neuen Schleimhaut ausgekleidet, um eine befruchtete Eizelle (ein entstehendes Kind) aufzunehmen.

Wenn die Eizelle aber nicht auf eine Samenzelle trifft, stirbt sie ab. Die Schleimhaut in der Gebärmutter (in der sich ein bißchen Schleim und Blut befinden) wird dann auch nicht mehr gebraucht. Sie verschwindet zusammen mit der Eizelle durch die Scheide aus dem Körper: Du hast deine Regel oder deine Tage.

Anfangs kommt deine Regel noch unregelmäßig, aber später kommt sie ungefähr alle vier Wochen. Wenn du deine Regel hast, kann man das auch Menstruation nennen. Ein paar Tage lang kommt dann ein bißchen Blut und Schleim aus deiner Scheide. Das mußt du mit einer Monatsbinde in deinem Schlüpfer auffangen. Manche Mädchen oder Frauen verwenden statt einer Binde einen Tampon. Ein Tampon ist eine Art Binde, aber es sieht aus wie ein Stäbchen. Ein Tampon wird in die Scheide gesteckt.

Manche Mädchen haben an den ersten Tagen ihrer Regel Bauchschmerzen, andere nicht. Manche Mädchen sind launisch, andere nicht. Mädchen mit Pickeln können noch mehr Pickel bekommen, wenn sie ihre Regel haben.

Die Menstruation setzt nicht bei jedem Mädchen mit zwölf ein. Es gibt

Monatsbinde

Tampon

Die Binde kommt in den Schlüpfer.

Einen Tampon steckst du in die Scheide.

Wenn die Eizelle reif ist, löst sie sich aus dem Eierstock. Das heißt „Eisprung".

Die Eizelle gleitet langsam durch den Eileiter zur Gebärmutter. Während dieser Reise kann die Eizelle von der Samenzelle eines Mannes befruchtet werden.

Wenn die Eizelle nicht auf eine Samenzelle trifft, stirbt sie ab. Die Schleimhaut an den Wänden der Gebärmutter wird auch nicht mehr gebraucht. Sie verschwindet zusammen mit der Eizelle durch die Scheide aus dem Körper: Du hast deine Regel.

Was verändert sich am Körper eines Jungen?

Die meisten Jungen verändern sich ein bißchen später als Mädchen. So ungefähr zwischen zehn und zwölf Jahren. Du wirst merken, daß alles an deinem Körper größer wird, manchmal langsam, und dann wieder schneller. Deine Füße, Arme, Beine, dein ganzer Körper. Auch der Penis und die Hoden. Unter den Achseln entdeckst du die ersten Haare. Du schwitzt mehr, und wenn du unter den Armen schwitzt, kann das ziemlich doll riechen. Du mußt dich dann jeden Tag gut waschen.

welche, die mit neun zum ersten Mal ihre Tage haben, andere erst mit sechzehn.

In vielen Ländern, zum Beispiel in Indien und Afrika, wird die erste Menstruation mit einem Fest gefeiert. Denn von diesem Moment an bist du fruchtbar. Das heißt, dein Körper kann ein Kind bekommen. Von jetzt an bist du richtig in der Pubertät. Dein Körper ist kein Kinderkörper mehr, sondern der Körper einer Frau.

Trotzdem fühlst du dich oft noch wie ein Kind. Du schläfst mit deinem Lieblingsteddy und möchtest am liebsten kuschelig bei deiner Mutter auf dem Schoß sitzen. Das ist komisch. Du fühlst dich wie ein Kind, aber dein Körper verändert sich in den einer Frau. Das macht dich unsicher. Du fauchst deine Eltern an, weil du meinst, daß sie deine Gefühle oft nicht verstehen.

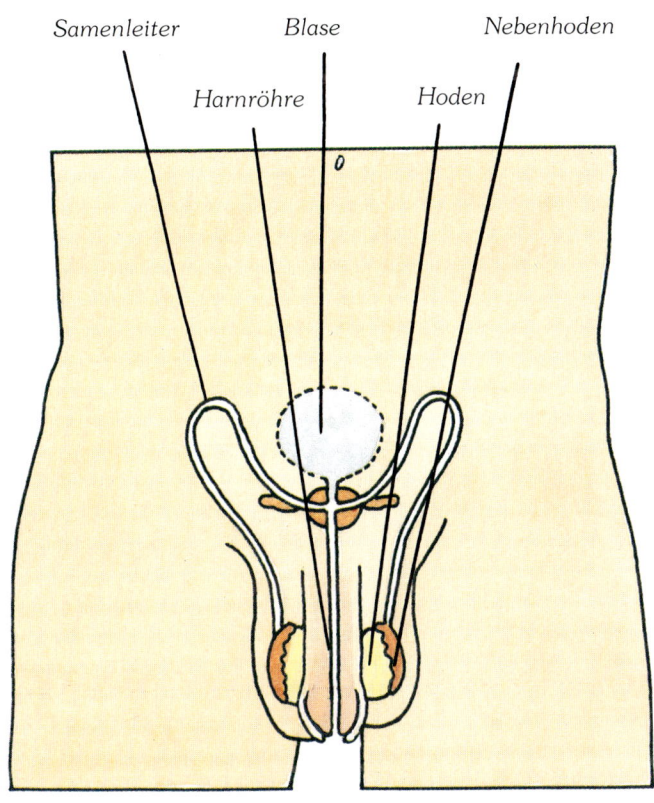

Samenleiter   Blase   Nebenhoden

Harnröhre   Hoden

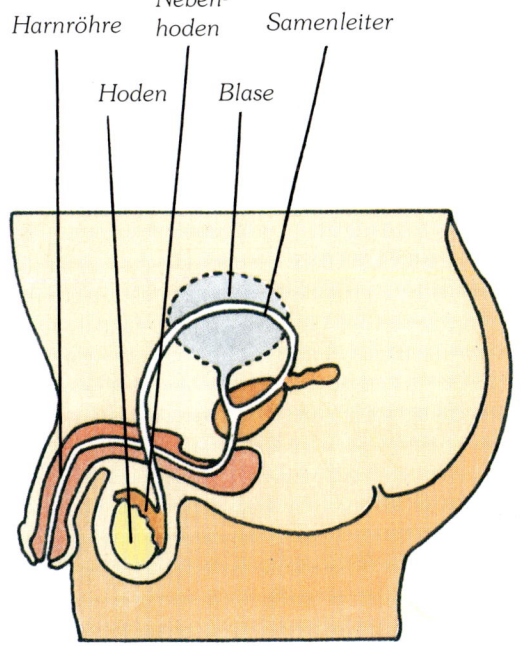

Harnröhre   Neben-   Samenleiter
hoden

Hoden   Blase

Nach ein paar Jahren wachsen dir auch die ersten Haare auf der Oberlippe (ein kleiner Schnurrbart) und auf den Wangen (ein bißchen Bart). Am Anfang sind sie noch daunenweich. Manche Jungen kriegen Pickel im Gesicht.

In dieser Zeit verändert sich auch deine Stimme. Manchmal klingt sie ein bißchen tiefer, dann schießt sie plötzlich wieder in die Höhe. Das kommt daher, daß deine Stimmbänder wachsen. Man nennt das auch Stimmbruch. Wenn deine Stimmbänder

ausgewachsen sind, bleibt die Stimme tief. Aber das wird noch eine Weile dauern.

Ein Junge ist erst richtig in der Pubertät, wenn er seinen ersten Samenerguß bekommen hat. Dabei kommt zum ersten Mal Sperma aus seinem Penis.

Sperma ist eine weiße, klebrige Flüssigkeit, in der Millionen winzig kleiner Samenzellen stecken.

Samenzellen werden zum ersten Mal produziert, wenn ein Junge zwischen dreizehn und fünfzehn Jahre alt ist. Jeden Tag werden in seinen Hoden neue hergestellt, Millionen und aber Millionen. Die Samenzellen brauchen zwei Monate, bis sie reif sind, und dann werden sie in den Nebenhoden gelagert.

Eines Tages (oder besser eines Nachts) kommen die Samenzellen aus dem Penis, zusammen mit dem Sperma. Die ersten Male passiert das nämlich nachts. Zuerst wird der Penis steif, das nennt man Erektion, und manchmal träumst du von

etwas sehr Aufregendem. Dann kommt das Sperma aus dem steifen Penis. Beim Aufwachen merkst du, daß dein Bett ein bißchen naß ist. Es wird noch öfter vorkommen, und fast jedem Jungen passiert das nachts einmal. Man nennt so etwas „feuchte Träume".

Du kannst von etwas oder jemandem erregt werden und bekommst dann eine Erektion. Sogar dann, wenn dir das überhaupt nicht paßt. Du kannst nämlich selbst gar nichts dagegen tun. Wenn du älter wirst, passiert das nicht mehr so häufig überraschend. Von jetzt an kannst du auch einen Samenerguß bekommen, wenn du mit deinem Penis spielst oder ihn reibst. Das nennt man masturbieren oder sich selbst befriedigen.

Das tun viele Jungen. Es ist ein sehr angenehmes Gefühl. Über das Masturbieren werden oft merkwürdige Dinge erzählt, als wäre es etwas Unanständiges. Aber sich selbst zu befriedigen ist nicht

Im Hoden werden die Samenzellen produziert, bis sie stark genug sind. Dann werden sie im Nebenhoden aufbewahrt, bis sie herausdürfen.

Und eines Tages oder eines Nachts kommen sie heraus. Das nennt man Samenerguß.

merkwürdig oder ungewöhnlich, und du bist wirklich nicht der einzige, der es tut.

Nach dem ersten Samenerguß hat deine Pubertät richtig angefangen. Das ist ein wichtiger Augenblick, denn du kannst ab jetzt ein Kind zeugen. Auch wenn du dich oft noch wie ein Kind fühlst, dein Körper wird der eines Mannes.

In der Pubertät verändert sich nicht nur dein Körper, du empfindest auch anders. Im einen Moment kannst du sagenhaft glücklich, im nächsten Moment todunglücklich sein. Du bist auch unsicher. Dauernd geschieht etwas, das du nicht beeinflussen kannst. Deine Stimme macht, was sie will, dein Penis wird steif, wenn es dir gar nicht paßt, du hast Pickel. Manchmal glaubst du, keiner versteht dich, und manchmal haßt du deinen Körper, der immerzu wächst. Obwohl dein Körper immer schöner wird, magst du dich selber manchmal gar nicht leiden.

Schmusen

Die meisten Erwachsenen schmusen, wenn sie verliebt sind. Sie mögen sich sehr gerne und finden es wunderbar, sich in die Augen zu sehen und sich anzufassen. Sie wollen sich ganz viel küssen und streicheln. Aber am allerschönsten finden sie es, sich zu lieben. Vielleicht kannst du dir das jetzt noch nicht vorstellen, aber wenn du ein bißchen älter bist, findest du das bestimmt auch super. Sich lieben, schmusen, streicheln, küssen, das alles gehört dazu, wenn Erwachsene verliebt sind.

Und nicht nur bei den Menschen. Schau dir doch mal Turteltauben an! Wenn sie verliebt sind, schnäbeln sie immerzu. Und hast du mal Kaninchen beim Liebesspiel gesehen? Oder zwei Hunde im Park? Die lieben sich einfach im Freien, wo jeder zuschauen kann.

Aber wie kommt es, daß Menschen und Tiere sich lieben wollen? Das macht die Natur. Fast alle Menschen und Tiere finden es herrlich, sich zu lieben. Das Lieben sorgt dafür, daß es immer wieder junge Tiere und junge Menschen gibt, genau wie immer neue Bäume und Pflanzen entstehen.

Die meisten Menschen ziehen sich aus, wenn sie sich lieben, und legen sich aufs Bett oder an einen anderen bequemen Platz, wo sie ganz allein sein können. Wenn sie sich zuerst ganz viel und lange geküßt und sich gegenseitig am ganzen Körper gestreichelt haben, kriegen sie immer größere Lust, sich zu lieben. Manchmal sagt man auch „miteinander schlafen" oder „vögeln" für sich lieben.

Der Penis des Manns wird größer und steifer, und das kribbelt ganz wunderbar. Der Mann und die Frau haben jetzt beide ganz große Lust, den Pimmel des Mannes in der Scheide der Frau zu fühlen. Die Scheide der Frau wird feucht, wenn sie viel Lust dazu hat. Das ist auch gut so, denn dann gleitet der Penis des Mannes viel leichter hinein. Wenn der Penis in der Scheide ist, bewegen sich die beiden so, daß der Penis in der Scheide hin- und hergleitet. Manchmal liegt der Mann auf der Frau, manchmal umgekehrt, und manchmal liegen sie noch anders beieinander. Sie liegen so, wie es ihnen am besten gefällt. Der Mann spürt das wohlige Gefühl am meisten in seinem Penis und die Frau in der Scheide.

Wenn nun zart über das Hügelchen zwischen den Schamlippen gerieben wird, bekommt die Frau dieses Gefühl,

das beim Lieben das allerschönste ist. Dieses allerschönste Gefühl nennt man auch „Orgasmus".

Wenn der Mann seinen Penis in der Scheide bewegt und reibt, spürt er irgendwann auch einmal dieses allerschönste Gefühl. In diesem Moment kommt aus seinem Penis ein bißchen Flüssigkeit, die leicht klebrig ist und weißlich aussieht. Diese Flüssigkeit heißt Sperma. Sie enthält Millionen von Samenzellen, die dann in die Scheide der Frau kommen.

Manchmal sind die beiden hinterher müde, denn sich lieben ist ziemlich harte Arbeit. Man muß sich viel bewegen und dafür sorgen, daß es dem anderen genauso gut gefällt wie einem selbst. Manchmal machen die Leute auch Geräusche, wenn sie sich lieben, sie keuchen oder stöhnen.

So, jetzt weißt du genau, was beim Lieben oder Miteinander-Schlafen passiert. Die meisten Großen gehen gern miteinander ins Bett. Auch Opas und Omas können es wunderbar finden.

Man kann auch Lust zum Schmusen haben, wenn man nicht verliebt ist, aber den Körper des anderen sehr aufregend findet.

Auch zwei Männer oder zwei Frauen können miteinander ins Bett gehen. Die beiden Frauen haben zwar keinen Penis, aber sie finden es trotzdem schön, sich überall zu streicheln und zu küssen. Und auch zwei Männer können sich küssen und lieben, wenn sie dazu Lust haben.

Ein Kind machen

Ein Kind machen, gehört das auch zum Sex? Ein Baby scheint wenig mit Sex zu tun zu haben, aber für Große

gehört es zusammen. Wenn ein Mann und eine Frau miteinander schlafen, kann ein Baby entstehen. Und das geht so:

Wenn sich bei der Frau genau an dem Tag, an dem sich beide lieben, eine Eizelle aus dem Eierstock gelöst hat, kann diese Eizelle befruchtet werden. Meistens passiert dieser „Eisprung" einmal im Monat.

Wenn der Penis des Mannes in der Scheide der Frau steckt und der Mann einen Orgasmus bekommt, spritzt aus seinem Penis ein bißchen Sperma, in dem Millionen von Samenzellen wimmeln. Die Samenzellen schwimmen alle auf der Suche nach einer Eizelle durch die Scheide hinauf zur

Gebärmutter und von dort zu den Eileitern. Einige Samenzellen können noch
nicht schwimmen, deshalb kommen
sie nicht besonders weit. Andere sind
ein bißchen müde oder haben einfach
keine Lust mehr und kommen auch

nicht weiter. Dann gibt es noch jede
Menge dummer Samenzellen, die
hinterher- oder einfach nur im Kreis
schwimmen.

So bleiben nur die stärksten, klüg-
sten und gesündesten Samenzellen

▲ *Wenn sich eine Eizelle aus
dem Eierstock gelöst hat,
kann sie befruchtet werden.
Die Samenzellen schwimmen
auf der Suche nach einer
Eizelle durch die Scheide
hinauf zur Gebärmutter und
von dort zu den Eileitern.*

◄ *Sobald die Samenzellen
die Eizelle gefunden haben,
stoßen sie alle gemeinsam so
fest wie möglich an die Wand
der Eizelle, bis die Wand
davon ganz weich geworden
ist.*

◄ *Dann endlich kann die
allerbeste Samenzelle die
Wand durchstoßen. Die
übrigen Samenzellen müssen
draußen bleiben, denn es
darf nur eine einzige in die
Eizelle hinein.*

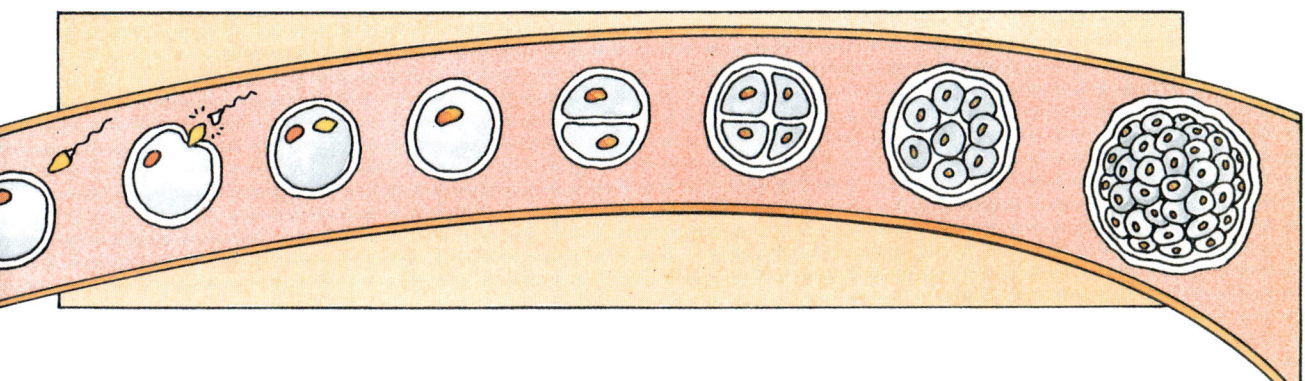

Die Eizelle und die Samenzelle verschmelzen zu einer einzigen Zelle, das nennt man Befruchtung. Diese Zelle teilt sich nach kurzer Zeit, und dann liegen zwei Zellen aneinander. Darauf teilen sich auch diese beiden Zellen, und dann liegen vier aneinander. Das setzt sich noch eine Weile fort, und so entsteht nach und nach eine Traube mit einer Menge Zellen, die so ähnlich aussieht wie eine Himbeere oder Brombeere. Das ist der Anfang eines neuen Kindes. Jeder Körper besteht aus Millionen von Zellen. Und jeder Körper ist so entstanden.

übrig, die schließlich die Eizelle finden. Alle zusammen stoßen so fest wie möglich gegen die Wand der Eizelle, bis diese davon ganz weich geworden ist. Dann endlich kann die beste Samenzelle durch die Wand stoßen. Die übrigen Samenzellen kommen nicht mehr hinein, denn es kann nur eine einzige Samenzelle in der Eizelle sein.

Die Eizelle und die Samenzelle verschmelzen nun zu einer einzigen Zelle, das nennt man Befruchtung. Diese Zelle teilt sich nach kurzer Zeit, und dann liegen zwei Zellen aneinander. Darauf teilen sich auch diese beiden Zellen, und dann liegen vier aneinander. Das setzt sich noch eine Weile fort, und so entsteht nach und nach eine Traube mit einer Menge Zellen, die so ähnlich

aussieht wie eine Himbeere oder Brombeere. Das ist der Anfang eines neuen Kindes. Jeder Körper besteht aus Millionen von Zellen. Und jeder Körper ist so entstanden.

Wie man sonst noch Kinder machen kann

Im Krankenhaus gibt es eine Abteilung, in der in großen Tiefkühltruhen viele Samen von verschiedenen Männern liegen. Sie können dort sehr lange aufbewahrt werden. So etwas nennt man Samenbank. Wenn eine Frau jetzt sehr gerne ein Kind möchte, aber keinen Mann oder Freund hat, mit dem sie sich lieben kann (oder will), kann sie zu solch einer Samenbank gehen. Dort bekommt sie dann Samenzellen.

Eine Ärztin bringt die Samenzellen eines Mannes, die in der Samenbank liegen, vorsichtig mit einer Art Spritze in die Scheide der Frau. Auf diese Weise kann sie befruchtet und schwanger werden.

Auch für Frauen, deren Mann keine gesunden oder zu wenig Samenzellen hat, um eine Eizelle seiner Frau befruchten zu können, ist es gut, daß es so eine Samenbank gibt. Und es ist auch praktisch, wenn zwei Frauen sehr verliebt ineinander sind und gern ein Kind hätten. Aber weil ja keine von beiden Samenzellen hat, können sie zum Beispiel zu so einer Samenbank gehen.

Es gibt noch eine Möglichkeit, ein Kind zu bekommen. Angenommen, ein Mann und eine Frau wollen sehr gern ein Kind. Sie haben sich schon oft geliebt, aber die Frau ist immer noch nicht schwanger geworden. Im Krankenhaus kann ein besonders ausgebildeter Arzt die Samenzellen des Mannes und die Eizellen der Frau untersuchen. Der Arzt sucht die allerbesten und gesündesten Samenzellen des Mannes heraus und holt aus dem Eierstock der Frau eine reife Eizelle. Im Krankenhaus werden dann Samenzellen und Eizelle zusammengebracht. So kann die Eizelle auch befruchtet werden.

Wenn das gelingt – es ist nämlich eine schwierige Methode –, wird die befruchtete Eizelle ganz vorsichtig wieder in die Gebärmutter der Frau zurückgebracht. Und wenn alles gutgeht, wächst daraus ein Kind. So sind schon viele Kinder entstanden und geboren worden. Ein Glück, daß es diese Methode gibt, denn diese Paare hätten sonst nie Kinder bekommen können.

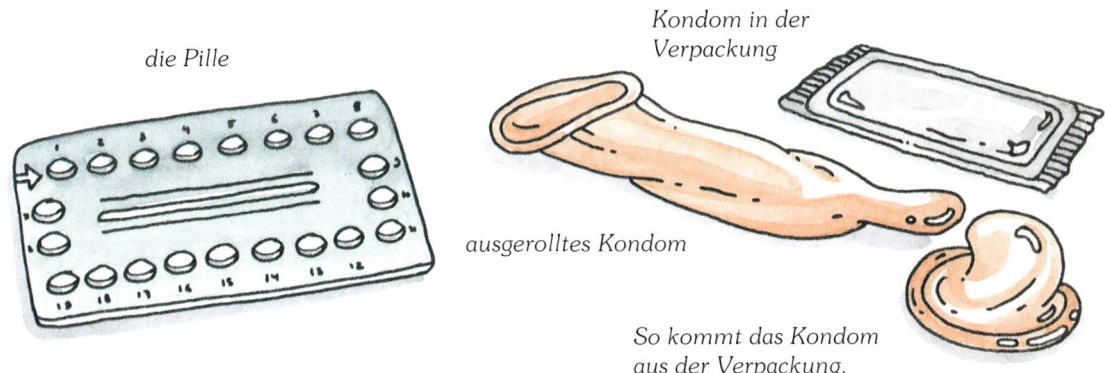

die Pille

Kondom in der Verpackung

ausgerolltes Kondom

So kommt das Kondom aus der Verpackung.

Sich lieben, ohne ein Kind zu kriegen

Nicht alle Männer und Frauen, die miteinander ins Bett gehen, wollen gleich ein Baby. Manche Leute möchten sich oft lieben. Manchmal jeden Tag. Und stell dir mal vor, jedesmal würde dabei ein Kind gemacht …

Deshalb hat man Dinge erfunden, die ein Mann und eine Frau benutzen können, wenn sie zwar miteinander schlafen, aber noch kein Baby wollen. Es gibt eine Pille, die eine Frau täglich schlucken muß (auch wenn sie nicht jeden Tag mit einem Mann schläft). In dieser Pille ist ein Stoff, der verhindert, daß sich eine Eizelle aus dem Eierstock löst. Und wenn sich keine reife Eizelle gelöst hat, können die Samenzellen soviel schwimmen, wie sie wollen, sie werden nirgends eine Eizelle finden.

Dann entsteht auch kein Baby. Eine andere Erfindung ist das Kondom. Das ist eine dünne Hülle aus ganz feinem Gummi, die ein Mann über seinen steifen Penis zieht, bevor er ihn in die Scheide steckt. Dieses Kondom sitzt ganz eng um den Penis und hält so von selbst. Wenn jetzt das Sperma aus dem Penis kommt, landen die Samenzellen im Kondom und nicht in der Scheide der Frau. Miteinander schlafen mit einem Kondom oder der Pille nennt man auch „sicher miteinander schlafen" oder Verhütung.

Wenn ein Mann und eine Frau allerdings gerne ein Baby möchten, verzichten sie auf diese praktischen Erfindungen wie die Pille und das Kondom und lieben sich einfach ohne.

Nach vier Wochen: Das Baby ist so groß wie ein Reiskorn.

Nach sechs Wochen: 1,5 cm. Das Baby ist so groß wie eine Bohne.

So wächst das Baby im Bauch

Wenn Eizelle und Samenzelle zu einer Zelle verschmolzen sind, teilt sich diese immer und immer wieder.

Dieses Zellhäufchen, das so klein ist wie ein Stecknadelkopf oder das Tüpfelchen auf dem i, dreht sich langsam im Kreis und wandert durch den Eierstock zur Gebärmutter. Die Schleimhaut in der Gebärmutter ist gut darauf vorbereitet, die kleine Zellkugel aufzunehmen. Das Zellklümpchen sucht sich ein sicheres Plätzchen in der Gebärmutter und nistet sich dort ein.

Nach vier Wochen ist aus der kleinen Zellkugel schon etwas Rundes herausgewachsen. Das wird der Kopf. Das Kind hat ein Rückgrat, und sein Herz

Nach neun Wochen:
3 cm. Das Baby ist so
groß wie eine Kastanie.

Nach drei Monaten:
5 cm. Das Baby ist so
groß wie eine Pflaume.

schlägt schon. Aber man sieht noch keine Arme oder Beine und auch keine Augen. Es ist jetzt ungefähr sechs Millimeter lang, etwa so groß wie ein Reiskorn. Die Mutter merkt nun, daß sie schwanger ist.

Das Kind wächst schnell. Zwei Wochen später ist es bereits so groß wie eine Bohne und hat inzwischen kleine Arme und Beine.

Das Baby liegt in der Gebärmutter wie in einem warmen Bad. Um das Baby herum ist nämlich eine Hülle, eine Art Blase, die mit schönem warmem Wasser gefüllt ist. Das ist das Fruchtwasser. Darin kann das Baby schwimmen, solange es noch klein ist. Und es ist eine Art Puffer für das Baby, so ungefähr wie ein Airbag. Dadurch liegt es gut geschützt.

Aus dem Bauch des Kindes wächst ein Schlauch, die Nabelschnur, die mit einer Art Beutel verbunden ist, der Plazenta. Die Plazenta wächst mit und nicht an. Ihr Bauch ist noch nicht sehr dick. Sie kann auch noch nicht spüren, daß sich das Kind bewegt. Aber das wird sich schnell ändern.

Zwillinge?

Manchmal macht man im Krankenhaus Aufnahmen vom Baby. Dabei kann man es auf einem Bildschirm sehen. Und manchmal entdeckt man dabei zwei Babys. Das ist eine Überraschung. Die Mutter bekommt dann Zwillinge.

Zwillinge können verschieden entstehen. Manchmal lösen sich bei einer Frau gleichzeitig zwei Eizellen aus dem Eierstock. Wenn diese beiden Eizellen von zwei verschiedenen Samenzellen befruchtet werden, wachsen im Bauch der Mutter zwei unterschiedliche Kinder. Das sind zweieiige Zwillinge.

Zwillinge können aber auch entstehen, wenn sich nur eine Eizelle gelöst hat, die mit einer einzigen Samenzelle verschmolzen ist. Wenn diese verschmolzene Zelle sich in zwei Teile teilt, können sich die beiden Teile voneinander lösen und zu zwei Kindern heranwachsen, die genau gleich sind. Das sind eineiige Zwillinge.

ist für das Baby sehr wichtig. Alles, was die Mutter ißt, und auch der Sauerstoff und das Blut für das Kind, geht zuerst durch die Plazenta, wo alles gefiltert wird. So bekommt das Baby durch die Nabelschnur nur die guten Stoffe.

Nach drei Monaten ist das Kind äußerlich schon ganz fertig. Nur ist es jetzt noch viel zu klein und zu mager. Es muß weitere sechs Monate lang im Bauch bleiben, um größer und dicker zu werden.

Wenn das winzige Baby drei Monate im Bauch der Mutter lebt, sieht man ihr das noch

Es kann schon am Daumen lutschen und pinkeln!

Wenn das Kind fünf Monate im Bauch der Mutter lebt, ist es schon so groß, daß jeder an ihrem dicken Bauch sehen kann, daß dort ein Baby wächst, auch wenn es erst die Größe dieser Buchseite hat. Die Mutter spürt nun langsam, wie sich das Baby bewegt. Zuerst fühlt es sich wie ein Kribbeln

Wenn zwei Eizellen von zwei verschiedenen Samenzellen befruchtet werden, wachsen im Bauch der Mutter zwei unterschiedliche Kinder. Das sind zweieiige Zwillinge.

Wenn eine Eizelle mit einer einzigen Samenzelle verschmolzen ist, teilt sie sich in zwei Teile. Diese beiden Teile können sich voneinander lösen und zu zwei Kindern heranwachsen, die genau gleich sind. Das sind eineiige Zwillinge.

bißchen treten. Manchmal liegt es auch nur da und schläft mit dem Daumen im Mund. Das Baby kann sogar Schluckauf bekommen, wenn es zu gierig vom Fruchtwasser trinkt. Und es pinkelt auch ins Fruchtwasser. Du siehst, daß es schon viel mehr kann, als man glaubt.

Das Baby ist fast fertig

Wenn ein Baby ungefähr sieben Monate im Bauch der Mutter gelebt hat, könnte es eigentlich schon geboren werden. Ganz selten kommt das auch vor. Aber so ein Baby ist eigentlich viel zu klein und muß noch tüchtig wachsen, um am Leben zu bleiben. Im

an. Später, wenn das Baby größer wird, kann sie spüren, wie sich Arme und Beine bewegen. Und das Baby bewegt sich ganz ordentlich. Es kann schon Purzelbäume schlagen und ein

Im Krankenhaus gibt es für Frühgeburten einen nachgemachten Bauch, den Brutkasten. Das ist ein geschlossener Behälter aus durchsichtigem Plastik, in dem es schön warm ist. Dort wird das Kind mit einem Schlauch ernährt und mit Sauerstoff und anderen Hilfsmitteln am Leben erhalten.

Nach fünf Monaten spürt die Mutter, wie sich das Kind bewegt.

Nach sechs Monaten kann das Baby am Daumen lutschen.

Nach gut acht Monaten hat sich das Baby umgedreht.

Krankenhaus gibt es für zu früh geborene Kinder einen nachgemachten Bauch, den Brutkasten. Das ist ein geschlossener Behälter aus durchsichtigem Plastik, in dem es schön warm ist. Dort wird das Kind mit einem Schlauch ernährt und mit Sauerstoff und anderen Hilfsmitteln am Leben erhalten. Das gelingt leider nicht immer. Deshalb tun die Ärzte alles, damit das Baby so lange wie möglich im Bauch der Mutter bleiben kann. Denn das ist für ein Baby der allerbeste Platz.

Paß auf, es hört alles!

Auch wenn es noch im Bauch ist, kann das Baby schon vieles hören. Zum Beispiel Geräusche im Körper der Mutter wie den Herzschlag. Aber auch Musik im Zimmer oder die Stim-men der Großen und der Kinder, mit denen die Mutter redet. Das Baby hört es

Magen

Plazenta

Darm

Nabelschnur

Rückgrat

Blase

Scheide

auch, wenn du mit ihm redest oder ihm vorsingst. Es kennt deine Stimme also schon, bevor es geboren ist.

Schließlich, nachdem es vierzig Wochen (das sind ungefähr neun Monate) gewachsen ist, ist das Baby so groß, daß es nicht mehr in den Bauch paßt. Jetzt wird es langsam Zeit für die Geburt. Der Mutter tut ab und zu der Bauch weh, weil die Gebärmutter, in der das Kind liegt, anfängt, sich zusammenzuziehen. Dadurch wird das Kind hinausgeschoben. Die meisten Babys liegen jetzt kopfüber und drücken den Kopf jedesmal, wenn sich die Gebär-

mutter zusammenzieht, ein Stückchen weiter nach unten. Die Blase mit dem Fruchtwasser, in dem das Baby liegt, zerspringt, und das Fruchtwasser läuft aus der Scheide der Mutter heraus. Nun kann die Geburt richtig anfangen.

Die meisten Babys liegen jetzt mit dem Kopf nach unten.

Manchmal liegt das Kind verkehrt, mit dem Kopf nach oben. Das nennt man Steißlage.

Das Kind wird geboren

Manche Mütter bleiben zu Hause, weil sie wollen, daß ihr Kind dort geboren wird. Dann kommt eine Ärztin oder eine Hebamme ins Haus, um bei der Geburt zu helfen. Andere Mütter wollen ihr Kind lieber im Krankenhaus bekommen. Es gibt auch Mütter, die der Arzt ins Krankenhaus schickt, weil die Geburt ihres Kindes zu Hause zu schwierig wäre.

Zum Beispiel wenn das Baby verkehrt herum im Bauch liegt, mit dem Kopf nach oben, oder wenn Zwillinge kommen.

Der Schmerz im Bauch der Mutter wird immer schlimmer. Diesen Schmerz nennt man Wehen. Nach einer Wehe folgt eine kurze Pause, und dann kommt wieder eine Wehe. Es kann mehrere Stunden dauern, bis die Mutter spürt, wie das Köpfchen ganz langsam herauskommt. Ihre Scheide wird von selbst immer weiter, denn der Kopf des Kindes drückt sie auf. Aber beim letzten Stück muß die Mutter wieder mithelfen. Sie muß ganz stark pressen. Das ist genauso, als ob du beim Kacken heftig drückst.

Jedesmal, wenn die Mutter preßt,

*Die Mutter spürt, wie
der Kopf ganz langsam
herauskommt.*

*Der Kopf des Kindes
drückt die Scheide auf.*

schiebt sie den Kopf wieder ein Stückchen tiefer durch die Scheide. Der
Vater hilft der Mutter, rechtzeitig zu
pressen, denn das ist richtig schwere
Arbeit. Er macht ihr Mut, damit sie es
noch eine Weile durchhält. Wenn dann
der Kopf herauskommt, muß sie meistens noch einmal ganz doll pressen –
und schwups ist das Baby draußen.

Es ist geboren. Vom Fruchtwasser
sieht es ganz glitschig aus. Die Nabelschnur verbindet noch seinen Bauch-
nabel mit der Plazenta im Bauch der
Mutter. Die Plazenta ist nun nicht
mehr nötig, denn das Baby muß ab
jetzt alleine atmen und alle Nahrung
mit dem Mund aufnehmen. Deshalb
wird die Nabelschnur durchgeschnit-

ten. Das macht meistens der Arzt, aber es gibt auch viele Väter, die das selber tun wollen.

Ein Baby erschrickt, wenn es geboren wird, und fängt an zu weinen. Eigentlich kein Wunder, denn es lag ja die ganze Zeit so schön wohlig und ruhig im Dunkeln im warmen Fruchtwasser. Und jetzt kommt es plötzlich in ein Zimmer mit grellem Licht, es hört lauter fremde Stimmen, und außerdem ist es kalt. Das würde dir doch bestimmt auch nicht gefallen, oder? Trotzdem ist es gut zu hören, daß das Baby weint, denn dann weiß der Arzt, daß die Lungen des Kindes richtig arbeiten. Die Mutter will ihr Baby gleich trösten und legt es sich auf den Bauch.

Beim letzten Stück muß die Mutter mithelfen. Sie muß ganz stark pressen.

Wenn der Kopf herauskommt, muß sie noch einmal ganz doll pressen – und schwups ist das Baby draußen.

Manchmal merkt ein Arzt, wenn das Baby noch im Bauch ist, daß es durch die Scheide nicht gut herauskommen kann. Dann hilft der Arzt ein bißchen nach. Er setzt dem Kind eine Art Hütchen mit langem Stiel, die Saugglocke, auf den Kopf, die von selbst dort haftenbleibt. An dem Stiel zieht der Arzt das Kind dann vorsichtig aus der Scheide. Oder er benutzt statt der Saugglocke eine Zange, die aussieht wie eine ganz große Pinzette. Er klemmt sie um den Kopf des Babys und kann es so herausziehen.

   Es kann auch vorkommen, daß es dem Kind schlechtgeht, wenn es noch im Bauch ist. Dann muß es ganz

schnell geboren werden. Am allerschnellsten geht es, wenn man der Mutter eine Betäubung gibt und eine Öffnung in ihren Bauch schneidet, durch die das Baby herausgeholt wird. Durch die Betäubung spürt die Mutter nichts davon, und der Bauch wird danach natürlich wieder schön zugenäht.

   Alle sind überglücklich, wenn das Baby endlich nach so vielen Stunden voll Spannung und harter Arbeit geboren ist. Vater und Mutter müssen manchmal vor Freude weinen.

   Aber manchmal weinen sie auch vor Kummer, wenn mit dem Baby etwas nicht in Ordnung ist. Es kann sein, daß ein Teil des Körpers nicht richtig gewachsen ist. Es ist dann körperlich behindert und wird vielleicht nie laufen oder sehen können. Oder das Kind ist geistig behindert. Dann wird es nie so denken können wie andere Kinder. Und manchmal ist das Kind tot, wenn es geboren wird. Die Geburt ist also nicht immer ein freudiges Ereignis.

   Zum Glück geht es meistens gut, und es fließen nur Freudentränen.

Wem sehe ich ähnlich?

Ein Kind, das aus einer Samenzelle und einer Eizelle entsteht, erbt etwas vom Vater und von der Mutter. Das heißt, daß jeder Elternteil ihm etwas mitgibt. In jeder Eizelle und jeder Samenzelle sind nämlich Bestandteile aus der Familie des Vaters und der Familie der Mutter; Erbmaterial nennt man so etwas. Das bestimmt, wie das Kind aussehen wird und welche Eigenschaften es bekommt. Die Farbe der Haare, der Augen und der Haut. Wie groß es später wird, ob es eine Brille braucht oder nicht, ob es gut malen kann, Locken kriegt oder glatte Haare.

Es gibt noch mehr Dinge, die vererbt werden, die du von der Familie deines Vaters oder deiner Mutter mitbekommst. Das alles steckt in dieser einen Samenzelle und Eizelle. Jede einzelne dieser Zellen hat ein bißchen andere Bestandteile. Wäre eine andere Samenzelle eine Sekunde früher in die Eizelle eingedrungen, dann wäre daraus ein anderes Kind entstanden. Sieh dir mal deinen Bruder oder deine Schwester an! Die kommen nämlich aus einer anderen Eizelle und einer anderen Samenzelle, mit ein paar gleichen Bestandteilen, aber auch ein paar unterschiedlichen.

Vielleicht hast du eine andere Haarfarbe als deine Geschwister, aber ihr habt die gleiche Augenfarbe. Hat deine Mutter solche Augen oder dein Vater? Es kann auch sein, daß du einem

Onkel oder einer Tante oder deinem
Opa oder der Oma ähnlich siehst. Hat
man dir vielleicht schon mal gesagt,
daß du „genauso musikalisch bist wie
Onkel Fred" oder daß du „genauso
aussiehst wie Opa, als er so alt war wie
du"? Das kann stimmen. Denn in der
Samenzelle deines Vaters stecken nicht
nur Teile von ihm, sondern auch von
seiner Familie. Genauso ist es bei der
Eizelle deiner Mutter. Also erbst du
auch ein bißchen von der ganzen
Familie.

Jetzt könntest du natürlich denken,
daß alles erblich ist. Aber das stimmt

nicht. Zum Glück, denn so kannst du
doch noch ein berühmter Fußballer
werden, auch wenn weder dein Vater
noch deine Mutter spielen können.
Keiner weiß genau, was vererbt wird
und was nicht. Manche klugen Leute
sagen, daß es sogar erblich ist, wie du
dich benimmst. Ob du mutig bist oder
verlegen, wild oder brav. Aber das
glauben längst nicht alle. Denn gerade
das Verhalten ist etwas, das man
lernen oder sich abgewöhnen kann.
Kannst du an dir feststellen, was du
von deinen Eltern mitbekommen hast?

Adoption

Es gibt auch Menschen, die keine Kinder kriegen können, aber sie können Kinder adoptieren. Man kann jüngere oder ältere Kinder adoptieren, die keine Eltern haben oder deren Vater oder Mutter nicht mehr gut für sie sorgen können. Das heißt, daß andere Eltern sie großziehen und sich um sie kümmern, als ob es ihr eigenes Kind wäre.

Es gibt auch Eltern, die schon eigene Kinder haben, aber trotzdem gerne noch ein Kind adoptieren möchten.

Du kannst auch deinen Adoptiveltern ein bißchen ähneln. Denn Menschen und Kinder, die einander sehr gern mögen, übernehmen manches voneinander: zum Beispiel den Gang oder ein bestimmtes Lachen oder die Art, wie sie reden. Manchmal scheinen sich sogar die Gesichter ähnlich zu werden. Deswegen ist es auch nicht seltsam, wenn ab und zu Leute zu dir sagen, „du siehst deinem Vater aber ähnlich", obwohl es doch gar nicht dein richtiger Vater ist. Aber jetzt verstehst du, woher das kommt. Du kannst also auch deinen Pflegeeltern oder Stiefeltern ähnlich sehen, wenn du lange genug bei ihnen wohnst.

Mit wem lebst du zusammen?

Die meisten Kinder leben in einer Familie. Eine Familie besteht aus verschiedenen Familienmitgliedern. Du kannst mit deinen Eltern zusammen wohnen. Und mit deinen Geschwistern. Alle sind miteinander verwandt. Manchmal wohnt noch eine Oma bei der Familie. Oder ein Onkel oder eine Tante. Es gibt auch Familien, die mit einer Oma, Tante, einem Onkel und Cousins und Cousinen zusammen wohnen. Das sind zwar viele Leute, aber es ist auch sehr gemütlich. Oder eine Familie besteht aus einem Vater und einer Mutter und zehn Kindern.

Es gibt auch kleinere Familien. Ein Vater, eine Mutter und zwei Kinder. Vielleicht bist du ja auch ein Einzelkind. Manche Kinder wohnen nur bei ihrem Vater oder bei ihrer Mutter. Diese Eltern sind geschieden und leben nicht mehr zusammen. Manchmal möchten sich aber der Vater und die Mutter die Erziehung der Kinder noch teilen, und dann wohnen die Kinder abwechselnd ein paar Tage beim Vater und ein paar Tage bei der Mutter.

Es kann auch sein, daß der Vater oder die Mutter tot ist. Dann leben die Kinder nur noch mit dem Elternteil zusammen, der übrig ist. Es gibt auch Kinder, die nur mit ihrer Mutter zusammenwohnen, weil die Mutter gerne ein Kind wollte, aber nicht mit einem Mann zusammenleben

möchte. Manche Kinder leben sogar bei zwei Müttern. Das sind zwei Freundinnen, die sich sehr mögen und zusammen ein Kind erziehen wollen. Es kommt auch vor, daß zwei Männer sich lieben und gemeinsam ein Kind großziehen wollen. Dann hat das Kind zwei Väter.

Manche Kinder leben mit sehr vielen anderen Menschen in einer Wohnung. Das sind die Freunde und Freundinnen der Eltern, von denen einige ebenfalls Kinder haben. Meistens hat zwar jeder ein eigenes Zimmer, aber alle essen zum Beispiel gemeinsam in einer großen Küche.

So gibt es viele Arten von Familien. Große, kleine, schwarze, braune oder behinderte Familien. Und Familien ohne Männer oder ohne Frauen.

Die meisten Menschen können selbst entscheiden, wen sie heiraten wollen. Aber es gibt auch Väter und Mütter, die im voraus für ihre Kinder einen Jungen oder ein Mädchen aussuchen, die ihr Sohn oder ihre Tochter später heiraten soll. Das ist bei manchen Familien so Sitte. Sie heiraten später nicht aus Liebe, sondern weil sie füreinander bestimmt wurden.

Wenn du einmal groß bist, kannst du vielleicht selbst aussuchen, mit wem du zusammenwohnen willst. Und ob du eine große Familie möchtest oder eine kleine. Vielleicht möchtest du später auch mit niemandem zusammenwohnen. Das machen viele Leute. Die beschließen eines Tages, daß es genauso schön ist, ganz allein zu leben. Dann müssen sie nie pünktlich nach Hause kommen. Sie können auch nur mit einer Tüte Chips vor dem Fernseher sitzen. Es gibt keinen, der es ihnen verbietet. Würde dir das gefallen?

Manchmal ist Sex nicht schön

Sex sollte eigentlich Spaß machen und für beide etwas sehr Schönes sein. Zum Glück ist das auch bei fast jedem und fast immer so. Sex macht aber keinen Spaß mehr, wenn jemand dich zwingt, etwas zu tun, was du nicht möchtest. Es gibt viele Möglichkeiten, jemand anders zu zwingen. Man kann z. B. sagen: „Wenn du das nicht tust, spiele ich nie wieder mit dir." Oder man verspricht ihm etwas Schönes. So versucht man jemand zu überreden, etwas zu tun, wozu der andere gar keine Lust hat oder was sich das andere Kind nicht traut.

Wenn es dabei um Sex geht, um das Berühren eines anderen Körpers, dann ist das nicht in Ordnung. Sex macht nämlich nur Spaß, wenn ihr beide es gerne wollt und gerne tut.

Genauso wie du einen anderen nicht zwingen darfst, Sexsachen mit dir zu machen, darf auch dich niemand anders dazu zwingen. Dein Körper gehört dir. Du allein darfst bestimmen, ob dich jemand anfaßt oder nicht.

Es gibt Menschen, die merkwürdige Ansichten über Sex haben. Die wollen Sex mit Kindern. Sie möchten zum Beispiel den Körper eines Kindes streicheln oder es am Penis oder an der Scheide berühren. Oder sie wollen, daß das Kind dasselbe bei ihnen tut. Es kann jemand sein, den das Kind nicht kennt. Sie haben sich vorher noch nie gesehen. Jemand, der das Kind irgendwo anspricht, im

Schwimmbad, im Park oder auf dem Spielplatz. Es kann ein Mann sein, aber auch eine Frau. Jemand, der sich ganz normal und nett benimmt. Der dir vielleicht alles mögliche verspricht oder dich nach Hause bringen will. Wenn jemand nett zu dir ist, möchtest du auch nett sein. Vor netten Menschen hat man nicht sofort Angst. Logisch. Trotzdem darfst du nie mit jemandem mitgehen, den du vorher noch nie gesehen hast.

Es kann aber auch jemand sein, den du schon sehr lange und gut kennst, oder ein Verwandter, der etwas von dir verlangt oder machen will, was du nicht möchtest. Dann ist es noch schwerer, nein zu sagen, denn vielleicht hast du die Person sogar sehr lieb und kommst dir so unfreundlich vor. Vielleicht hast du auch versprechen müssen, es nie weiterzuerzählen. Dann lebst du mit einem schlimmen Geheimnis.

Du mußt wissen, daß es zwei Sorten von Geheimnissen gibt: schöne und schlimme. Schlimme Geheimnisse mußt du immer jemandem erzählen. Sprich mit einem Menschen darüber, dem du vertraust. Gemeinsam könnt ihr besser überlegen, was du tun kannst. Wenn du niemand kennst, mit dem du dich zu reden traust, kannst du auch den Kinderschutzbund anrufen. Dort mußt du deinen Namen nicht sagen, und die Leute vom

0511/30 48 50

Kinderschutzbund sind dazu da, dir zu helfen. Die Telefonnummer ist: 0511/30 48 50. Die Adresse lautet: Deutscher Kinderschutzbund, Schiffgraben 29, 30159 Hannover.

Kennst du Zoten?

sich Sexwitze. So können sie zeigen, daß sie schon viel über Sex wissen. Die Kinder, die nur wenig darüber wissen, erfahren durch den Witz wieder etwas Neues.

Weißt du eigentlich, was eine Zote ist? Eine Zote ist ein Witz, der mit Sex zu tun hat. Sexwitz könnte man auch dazu sagen.

Manchmal sind Kinder neugierig auf Sex. Sie wollen alles darüber wissen. Und wenn sie nicht mit ihren Eltern darüber sprechen können, reden sie miteinander. Zum Beispiel erzählen sie

Über Zoten kann man nicht immer lachen. Manche sind sogar unappetitlich, aber es macht trotzdem Spaß, sie zu erzählen oder zu hören. Um Zoten zu verstehen, mußt du ziemlich viel über Sex wissen. Aber wenn du dieses Buch ausgelesen hast, wirst du sicherlich die meisten Sexwitze verstehen.

Ein Mann und eine Frau gingen zum Arzt. Der Mann sagte: „Herr Doktor, wir wollen im Moment noch keine Kinder, aber wir sind sehr verliebt und haben große Lust, miteinander ins Bett zu gehen. Was sollen wir tun?"

Der Arzt dachte einen Moment nach und antwortete: „Ich gebe ihnen ein Paar Holzschuhe. Sie sind mit einer

Schnur zusammengebunden. Diese Holzschuhe muß Ihre Frau tragen, wenn Sie sich lieben. Dann werden Sie vorläufig keine Kinder bekommen."

Der Mann und die Frau gingen zufrieden nach Hause. Aber nach ein paar Monaten kamen sie wieder zum Arzt. Die Frau war schwanger geworden.

„Haben Sie denn auch immer die Holzschuhe getragen, wenn Sie miteinander ins Bett gegangen sind?" fragte der Arzt die Frau.

„Aber ja", sagte die Frau, „wir haben nur die Schnur durchgeschnitten; das war so lästig beim Lieben."

Klo-sprüche

Komisches Wort, was, Klosprüche? Das sind Wörter, die auf Klotüren und -wänden oder Bauzäunen stehen. Meistens sind es Schimpfwörter, die mit Sex zu tun haben. Manche sagen auch „schmutzige Wörter" dazu. Es gibt Kinder, die sich mit diesen Ausdrücken beschimpfen, und oft wissen sie nicht einmal, was sie da wirklich sagen. Wenn du weißt, was die Wörter eigentlich bedeuten, begreifst du vielleicht, daß es nicht nett ist, sich gegenseitig damit zu beschimpfen.

Andererseits ist es auch gut, „schmutzige Wörter" zu kennen, denn stell dir mal vor, daß dir einer auf der Straße zuruft: „Na Schätzchen, wollen wir mal 'ne Runde bumsen?" Dann weißt du wenigstens, daß du nicht gleich: „Ja, prima" antworten solltest, denn es geht nicht um 'ne Runde Murmelspielen.

Jetzt kommen ein paar von diesen Wörtern.

Arsch mit Ohren: Besonders dummer Mensch.

Arschloch: Idiot, eigentlich After

bumsen: Dasselbe wie sich lieben, miteinander schlafen.

Fotze: Grobes Schimpfwort für Frauen. Bedeutet dasselbe wie Scheide.

Hühnerbrust: Kleiner Busen oder schmaler Brustkorb.

Lesbe/Schnalle: Frauen, die sich in Frauen, oder Mädchen, die sich in Mädchen verlieben.

Möse: Scheide

Nutte, Dirne: Frau, die mit fremden Männern ins Bett geht und damit Geld verdient.

Pariser: Kondom

Scheiße, Shit: Quatsch, Mist, Pech

Schlappschwanz: Feigling, Angsthase

Schwuler, Schwuchtel: Männer, die sich in Männer, und Jungen, die sich in Jungen verlieben.

Titten: Brüste

sich verpissen: Sich aus dem Staub machen oder verschwinden.

vögeln: Dasselbe wie sich lieben.

Wörter, die mit Sex zu tun haben

Abtreibung: Das Wegmachen eines Babys aus dem Bauch einer Frau, wenn diese Frau aus irgendeinem Grund kein Baby haben möchte oder haben kann. Oder wenn das Baby sehr krank ist und nicht gesund geboren werden könnte. Das Baby wird in besonderen Krankenhäusern von einem Arzt weggemacht. Das darf man nur, wenn das Baby noch sehr klein ist. Wenn das Baby weggemacht wird, stirbt es.

abwichsen/sich einen runterholen: Über den Penis reiben, weil es so ein prickelndes Gefühl gibt.

AIDS: Eine der Krankheiten, die man kriegen kann, wenn man beim Lieben kein Kondom verwendet. Jemand, der AIDS hat, kann nie mehr ganz gesund werden und stirbt nach einiger Zeit. Es gibt noch keine Medizin gegen AIDS.

Antikonzeptivum: Verhütungsmittel, z. B. die Pille oder das Kondom. Wenn man diese Verhütungsmittel benutzt, kann man sich lieben, ohne daß dabei ein Kind gemacht wird. Es gibt noch andere Mittel, etwa die Spirale oder das Pessar, so eine Art Kondom für Frauen.

Befruchtung: Wenn die Samenzelle mit der Eizelle verschmilzt.

Brustwarze: Die hellbraune Spitze auf der Brust.

Busen: Die Brüste der Frau.

Eizelle: Einmal im Monat löst sich bei Frauen eine reife Eizelle, die sich zur Gebärmutter aufmacht.

Eierstock: In ihm sind die Eizellen.

Eileiter: Die reife Eizelle wandert vom Eierstock durch den Eileiter zur Gebärmutter. Die Befruchtung findet meistens im Eileiter statt.

Eisprung: Der Augenblick, in dem die reife Eizelle den Eierstock verläßt.

Ejakulation: Dasselbe wie Samenerguß.

Embryo: So nennt man das Baby während der ersten drei Monate im Bauch der Mutter.

Erektion: Steifer Penis

Feuchte Träume: Wenn ein Junge nachts im Schlaf einen Samenerguß hat.

Fötus: So nennt man ein Baby im Bauch der Mutter nach den ersten drei Monaten der Schwangerschaft.

Frucht: Das ist noch ein anderes Wort für das Baby im Bauch der Mutter.

Gebärmutter: Sie ist birnenförmig und innen hohl und liegt im Bauch eines Mädchens oder einer Frau. Die befruchtete Eizelle nistet sich dort ein, und dann wächst das Baby in der Gebärmutter.

Genitale: Geschlechts-, Fortpflanzungsorgane. Bei der Frau sind das die Scheide, die Gebärmutter, die Eierstöcke und die Eileiter. Beim Mann der Penis und die Hoden.

Geschlechtsteil: Beim Mann heißt es Penis, bei der Frau Scheide.

Geschlechtsverkehr: Sich lieben, miteinander ins Bett gehen.

Geschlechtskrankheiten: Es gibt ansteckende Krankheiten, die man bekommen kann, wenn man sich ohne Kondom liebt. Man kann nicht immer sehen, ob jemand diese Krankheit hat. Manchmal weiß es derjenige lange Zeit selber nicht. Diese Krankheiten heißen mit einem noch viel schwierigeren Wort venerische Krankheiten. Wenn man ein Kondom benutzt, steckt man sich meistens nicht an.

Heterosexuell: Ein Mann, der sich nur in Frauen verliebt, oder eine Frau, die sich nur in Männer verliebt.

Hoden: Dort werden die Samenzellen eines Mannes produziert.

Hodensack: Er hängt zwischen den Beinen eines Jungen oder Mannes.

Darin sind zwei Hoden, in denen von der Pubertät an Samenzellen produziert werden.

Homosexuell: Ein Mann, der sich in Männer, oder eine Frau, die sich in Frauen verliebt.

Hormone: Stoffe im Körper, die unter anderem dafür sorgen, daß ein Mädchen zur Frau wird und ein Junge zum Mann.

Impotenz: Wenn ein Mann keinen steifen Penis kriegen kann.

Inzest: Geschlechtsverkehr zwischen Blutsverwandten, zwischen Geschwistern oder zwischen Eltern und Kindern. (Lies auch, was bei „Manchmal ist Sex nicht schön" steht.)

Jungfernhäutchen: Kleines Häutchen in der Scheide. Fühlt sich an wie die Innenseite deiner Wange. Bei manchen Mädchen ist das Häutchen dünner, bei anderen etwas dicker. Du kannst es mit dem Finger tasten.

Kitzler: Dasselbe wie Klitoris.

Klitoris: Das Hügelchen auf der Vagina und zwischen den Schamlippen eines Mädchens; es ist eine sehr empfindliche Stelle.

Koitus: Dasselbe wie Geschlechtsverkehr.

kommen: Dasselbe wie einen Orgasmus haben.

Kondom: Eine Gummihülle, die über den Penis gestreift wird, wenn ein Mann und eine Frau sich lieben wollen, aber kein Kind möchten.

Masturbieren: Über das Glied oder die Klitoris reiben oder streicheln, weil es ein angenehmes Gefühl ist.

Menstruation: Wenn die Eizelle nicht befruchtet wird, verläßt sie mit ein bißchen Schleim und Blut aus der Gebärmutter durch die Scheide den Körper.

Monatsbinde: Sie kommt während der Menstruation in den Slip.

Nebenhoden: Er liegt im Hodensack. Darin werden die reifen Samenzellen aufbewahrt.

Onanieren: Dasselbe wie masturbieren oder sich selbst befriedigen.

Orgasmus: Das allerschönste Gefühl, das man beim Miteinander-Schlafen kriegen kann. Oder wenn ein Junge über seinen Penis reibt. Ein Mädchen kann einen Orgasmus bekommen, wenn sie über den Kitzler reibt, der oben an der Scheide, zwischen den Schamlippen, ist.

Ovulation: Dasselbe wie Follikel- oder Eisprung.

Penis: Dasselbe wie Glied oder Pimmel.

Porno, Pornographie: Auf Fotos, in Filmen oder Videos allerlei Dinge zu zeigen oder in Büchern zu beschreiben, die manche Menschen beim Lieben machen. Oft sind es auch ganz unangenehme Dinge. Deshalb ist es für Kinder nicht gut, sie zu sehen oder zu lesen. In vielen Ländern ist Pornographie verboten.

Prostituierte(r): Eine Frau oder ein Mann, die Geld verdienen, indem sie mit Fremden ins Bett gehen. Die Menschen bezahlen Geld, um mit diesem Mann oder dieser Frau zu schlafen.

Pubertät: Sie beginnt, sobald sich dein Körper verändert. Die Jungen haben ihren ersten Samenerguß, die Mädchen die erste Menstruation.

Safer Sex: Dafür sorgen, daß beim Lieben kein Kind gemacht wird und man keine Geschlechtskrankheiten oder AIDS bekommt. Gegen eine Schwangerschaft schützt die Pille am besten, gegen Geschlechtskrankheiten und AIDS das Kondom. Am sichersten ist es also, sich mit Pille und Kondom zu lieben.

Samenerguß: Wenn bei Männern das Sperma aus dem Penis herauskommt.

Samenzelle: Jeder Mann produziert täglich Tausende von Samenzellen.

Schamhaar: Die Haare um die Scheide oder den Penis.

Schamlippen: Sie liegen um die Scheide.

Schwanger: Wenn im Bauch einer Frau ein Baby wächst.

Schwangerschaft: Die Zeit, in der ein Baby im Bauch einer Frau wächst. Das sind meistens neun Monate.

Scrotum: Dasselbe wie Hodensack.

Seine Regel haben: Dasselbe wie Menstruation.

Selbstbefriedigung: Dasselbe wie masturbieren.

Sex-Hotline: Dort können Leute anrufen, um Sexgeschichten zu hören oder zu erzählen. Das Telefonat kostet mehr Geld als normal.

Sexueller Kontakt: Sich lieben, miteinander ins Bett gehen.

Sexueller Mißbrauch: Wenn ein Kind gezwungen wird, gegen seinen Willen bei sich oder anderen sexuelle Dinge zu tun oder anzusehen.

Sexshop: Geschäft, das Dinge verkauft, die manche Menschen beim Sex verwenden. Etwa Zeitschriften mit Pornofotos, Pornofilme oder spezielle Unterwäsche, die manche tragen, wenn sie sich lieben. Diese Läden sind für Kinder verboten.

Sperma: Die Flüssigkeit, die beim Samenerguß aus dem Penis kommt und die Samenzellen enthält.

Tampon: Kommt bei der Menstruation in die Scheide.

Testikel: Dasselbe wie Hoden.

Unfruchtbarkeit: Wenn eine Frau keine Kinder kriegen oder ein Mann keine machen kann.

Vagina: Scheide

Venushügel: Beim Mädchen der Bereich direkt über dem Anfang der Schamlippen. In der Pubertät wachsen dort die Schamhaare.

Verhütungsmittel: Dasselbe wie Antikonzeptivum.

Zungenkuß: Ein Kuß, bei dem man mit der Zunge in den Mund des anderen geht und beide Zungen miteinander spielen.